SALATE

Schüsselweise frisches Glück

Autor: Martin Kintrup | Fotos: Anke Schütz

DIE GU-QUALITÄTS-GARANTIE

Wir möchten Ihnen mit den Informationen und Anregungen in diesem Buch das Leben erleichtern und Sie inspirieren, Neues auszuprobieren. Bei jedem unserer Bücher achten wir auf Aktualität und stellen höchste Ansprüche an Inhalt, Optik und Ausstattung. Alle Rezepte und Informationen werden von unseren Autoren gewissenhaft erstellt und von unseren Redakteuren sorgfältig ausgewählt und mehrfach geprüft. Deshalb bieten wir Ihnen eine 100%ige Qualitätsgarantie.

Darauf können Sie sich verlassen:
Wir legen Wert darauf, dass unsere Kochbücher zuverlässig und inspirierend zugleich sind. Wir garantieren:
- dreifach getestete Rezepte
- sicheres Gelingen durch Schritt-für-Schritt-Anleitungen und viele nützliche Tipps
- eine authentische Rezept-Fotografie

Wir möchten für Sie immer besser werden:
Sollten wir mit diesem Buch Ihre Erwartungen nicht erfüllen, lassen Sie es uns bitte wissen! Wir tauschen Ihr Buch jederzeit gegen ein gleichwertiges zum gleichen oder ähnlichen Thema um. Nehmen Sie einfach Kontakt zu unserem Leserservice auf. Die Kontaktdaten unseres Leserservice finden Sie am Ende dieses Buches.

GRÄFE UND UNZER VERLAG
Der erste Ratgeberverlag – seit 1722.

INHALT

TIPPS UND EXTRAS

Umschlagklappe vorne:
    Blatt für Blatt ein Genuss

  4   Drunter & Drüber
 64   Knusprige Brote

Umschlagklappe hinten:
    Alles Gute kommt von oben
    Stars auf dem Büfett

6 ROHKOST MIT EXTRAS

  8   Blumenkohl-Tabouleh
 10   Möhren-Grapefruit-Salat
 10   Rote-Bete-Spinat-Salat
 11   Radieschensalat mit Feta
 11   Fenchel-Apfel-Salat
 12   Sellerie-Ananas-Salat mit Hähnchen
 14   Steirischer Krautsalat
 15   Spitzkohlsalat mit Mie-Nudeln
 16   Wintersalat mit Zimt-Croûtons

18 KLASSIKER MAL ANDERS

20 Caesar Salad mit Saltimbocca
22 Caprese blankenese
23 Bruschetta-Salat
24 Sommersalat mit Nektarinen
26 Gurken-Schichtsalat
27 Thai-Gurkensalat
28 Hirtensalat mit Melone
30 Frühlingssalat mit Spargel
31 Herbstlicher Feldsalat
32 Kartoffelsalat mit Pulled Lachs

COVER-REZEPT

34 SALATE TO GO

36 Grünkernsalat mit Bohnen
38 Buchweizensalat mit Avocado
39 Linsensalat mit Salbei-Birne
40 Glasnudelsalat mit Tempeh
42 Sommerrollen mit Garnelen
44 Backhendl-Salat-Wrap
46 Mango-Coleslaw
46 Thunfischsalat
47 Sellerie-Käse-Salat
47 Fleischsalat mit Bohnen

48 WELLNESS-SALATE

50 Buddha Bowl
52 Superfood-Salat
53 Detox-Salat
54 Süßkartoffel-Avocado-Salat
56 Erdbeer-Ziegenkäse-Carpaccio
58 Ahi Poké mit Thunfisch
59 Japanischer Algensalat

60 Register
62 Impressum

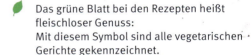 Das grüne Blatt bei den Rezepten heißt fleischloser Genuss:
Mit diesem Symbol sind alle vegetarischen Gerichte gekennzeichnet.

DRUNTER & DRÜBER

Eines haben Dressings & Vinaigrettes gemeinsam: die Kombination von Sauer, Süß und Öl, ergänzt durch würzige Extras. Hier ein Überblick über die wichtigsten Basic-Zutaten.

1 ESSIG & ZITRUSSÄFTE

Weinessige haben einen recht hohen Säureanteil. Milder sind Obstessige, und sie schmecken mit ihrem ausgeprägten Fruchtaroma sehr angenehm. Eine große Auswahl an spannenden Sorten finden Sie eher abseits des Supermarkts – z. B. in Hofläden oder auf dem Wochenmarkt. Dabei lassen sich tolle Entdeckungen machen. Nicht mehr aus der Salatküche wegzudenken sind die mild-süßen Balsamessige mit dem Star Aceto balsamico und dem leckeren Newcomer Apfelbalsamessig. Alternativen zum Essig sind frisch gepresster vitaminreicher Zitronen- oder Limettensaft.

2 HONIG & CO.

Etwas Süße gleicht die Säure von Essig und Zitrussäften aus und macht ein Dressing lieblicher. Weißer Zucker ist für mich tabu, Agavendicksaft wegen des hohen Fructoseanteils auch. Am liebsten süße ich mit Ahornsirup, Honig und Rohrohrzucker.

3 HOCHWERTIGE ÖLE

Öle machen viele im Salat enthaltene Stoffe wie fettlösliche Vitamine erst für den Körper verwertbar und sind daher unersetzlich. Kalt gepresste Öle enthalten wertvolle Vitamine und sekundäre Pflanzenstoffe, die nebenbei auch für einen intensiveren Geschmack verantwortlich sind. Sie sind für Salate die beste Wahl. Eine besonders günstige Fettsäurenzusammensetzung haben Olivenöl und Rapsöl, sie gehören zu meinen Favoriten, ebenso wie herrlich nussiges Walnuss- oder Kürbiskernöl. Diese wertvollen Öle eignen sich alle nicht zum Braten. Dafür sollten Sie hoch erhitzbare Öle verwenden wie Sonnenblumen- oder Kokosöl. Auch raffiniertes Olivenöl ist geeignet.

4 SENF UND MEERRETTICH

Senf rundet mit seinem je nach Sorte scharfen bis mild-würzigen Aroma Salatdressings perfekt ab. Ein Klassiker ist der scharfe Dijonsenf, körniger Senf sorgt nebenbei für eine schöne Optik, Honigsenf schmeckt fantastisch mild. Wie beim Essig gibt es außerhalb des Supermarkts eine Riesenauswahl an Sorten und das ein oder andere Schätzchen zu entdecken, z. B. Fruchtsenf wie Feigen- oder Pflaumensenf. Das Angebot ist kaum mehr zu überblicken – ein Traum für Senffans. Meerrettich hat einen recht ähnlichen Effekt. Er schmeckt am besten frisch gerieben und besticht zusätzlich zur kräftigen, jedoch nur kurz anhaltenden Schärfe durch ein zitronig-frisches Aroma.

5 KRÄUTER

Den letzten Kick geben frische Kräuter. Petersilie, Minze, Kerbel und Dill sorgen für frische Akzente, Schnittlauch für eine leichte Zwiebelnote, Kresse für einen Hauch Schärfe. Basilikum ist mit seinem süßlichen, leicht pfeffrigen Aroma aus italienisch inspirierten Salaten nicht wegzudenken. Würziges Koriandergrün hat einen Stammplatz in asiatischen und mexikanischen Dressings.

WARENKUNDE

ROHKOST MIT EXTRAS

Sie finden Rohkost dröge? Das muss nicht sein. Geniale Extras machen sie zu etwas Besonderem. Und wenn man die Zutaten raffiniert kombiniert, ein würziges Dressing rührt und spannende Toppings draufsetzt – dann macht es richtig Spaß, jeden Tag Frisches zu genießen und sich damit etwas Gutes zu tun.

BLUMENKOHL-TABOULEH

Couscous kann jeder, Rohkostfans aber haben Blumenkohl lieben gelernt. Die Röschen werden als »Rohkost-Couscous« zur Basis für dieses Tabouleh.

500 g Blumenkohl
1–2 Bund Petersilie (ca. 60 g)
2 Knoblauchzehen
4 EL Aceto balsamico bianco
1 EL Honig
1 TL gemahlener Kreuzkümmel
4 EL Olivenöl
Salz | Pfeffer
4 EL Pinienkerne
4 Tomaten
2 Paprikaschoten (gelb oder orange)
½ Salatgurke
ca. 1 EL Zitronensaft
1 Beet Kresse

Leichter Sommersalat

Für 4 Personen | 25 Min. Zubereitung
Pro Portion ca. 265 kcal,
6 g EW, 20 g F, 15 g KH

1 Den Blumenkohl in kleine Röschen teilen, waschen und gut abtropfen lassen oder mit der Salatschleuder trocken schleudern. Petersilie waschen und trocken tupfen, die Blätter abzupfen. Knoblauch schälen. Blumenkohl portionsweise mit Kräutern und Knoblauch im Blitzhacker fein zerkleinern, in eine Schüssel füllen.

2 Für das Dressing Essig, Honig, Kreuzkümmel und Olivenöl in einem Schraubglas oder Dressing-Shaker kräftig schütteln und mit Salz und Pfeffer würzen. Das Dressing über die Blumenkohl-Kräuter-Mischung gießen und alles gründlich mischen.

3 Die Pinienkerne in einer Pfanne ohne Fett rundherum hellbraun anrösten, sofort herausnehmen. Tomaten waschen, halbieren und Stielansätze und Kerne entfernen. Paprikaschoten längs halbieren, entkernen und waschen. Gurke gründlich waschen. Tomaten, Paprika und Gurke in kleine Würfel schneiden. Das Gemüse und die Pinienkerne mit dem Blumenkohl mischen und etwas durchziehen lassen.

4 Den Salat mit Salz, Pfeffer und Zitronensaft abschmecken. Die Kresse vom Beet schneiden und unterheben oder beim Servieren über den Salat streuen.

VARIANTE **KLASSISCHES TABOULEH AUS COUSCOUS**
200 ml leicht gesalzenes Wasser zum Kochen bringen, 200 g Couscous einstreuen und 1 Min. kochen. Vom Herd nehmen und zugedeckt 10 Min. ziehen lassen. Couscous auf Backpapier ausbreiten, abkühlen lassen. Übrige Zutaten (Blumenkohl weglassen) wie beschrieben zubereiten und untermischen; nur 1 EL Olivenöl für das Dressing nehmen.

ROHKOST MIT EXTRAS

MÖHREN-GRAPEFRUIT-SALAT

2 Pink Grapefruits | 40 g Ingwer | 2 EL Honig | 5 EL Aceto balsamico bianco | 2 TL geröstetes Sesamöl | 4 EL Salatöl (z. B. Sonnenblumenöl) | Salz | Pfeffer | 1 Bund Frühlingszwiebeln | 600 g Möhren (orange, gelb oder lila) | 2 EL Sesam (geschält)

Sesamwürzig

Für 4 Personen | 20 Min. Zubereitung
Pro Portion ca. 295 kcal, 4 g EW, 17 g F, 28 g KH

1 Grapefruits bis ins Fleisch schälen. Die Filets zwischen den Häutchen herausschneiden, dabei den Saft auffangen. Die Reste ausdrücken und 125 ml Saft abmessen. Den Ingwer schälen und klein würfeln. Mit Honig, Essig, beiden Ölsorten und Grapefruitsaft mischen und mit dem Stabmixer fein pürieren. Mit Salz und Pfeffer würzen.

2 Frühlingszwiebeln putzen, waschen und in Ringe schneiden. Möhren schälen und grob raspeln. Sesam in einer Pfanne ohne Fett hellbraun anrösten, sofort herausnehmen. Grapefruitfilets dritteln. Alles mit dem Dressing mischen.

ROTE-BETE-SPINAT-SALAT

4 EL Aceto balsamico bianco | 2 TL helle Sojasauce | 2 TL Wasabipulver oder 1 TL -paste | 1 EL Honig | 4 EL Salatöl (z. B. Walnussöl) | Salz | 500 g Rote Beten | 125 g Spinat | ¼ Salatgurke (ca. 100 g) | 1 gelbe Paprikaschote | 1 Beet Kresse

Asiatisch getunt

Für 4 Personen | 15 Min. Zubereitung
Pro Portion ca. 175 kcal, 3 g EW, 11 g F, 15 g KH

1 Essig, Sojasauce, Wasabi, Honig und Öl gut mischen und mit Salz würzen.

2 Rote Beten schälen und grob raspeln (dabei Einmalhandschuhe verwenden), mit dem Dressing mischen. Spinat entstielen, waschen, trocken schleudern und in feine Streifen schneiden. Unter die Beten mischen, auf Tellern anrichten. Gurke schälen und in Scheiben schneiden. Paprika halbieren, entkernen, waschen und in schmale Streifen schneiden. Den Salat mit Gurke, Paprika und der vom Beet geschnittenen Kresse garnieren. Nach Belieben gerösteten Sesam darüberstreuen.

ROHKOST MIT EXTRAS

RADIESCHENSALAT MIT FETA

4 EL Aceto balsamico bianco | 1 EL Honig | 2 TL Dijonsenf | 2 TL Meerrettich (frisch gerieben oder aus dem Glas) | 4 EL Salatöl (z. B. Walnussöl) | Salz | Pfeffer | 500 g Radieschen | 5 Stängel Dill | 1 Granatapfel | 100 g Schafskäse (Feta)

Lieblingssalat

Für 4 Personen | 20 Min. Zubereitung
Pro Portion ca. 200 kcal, 6 g EW, 15 g F, 8 g KH

1 Für das Dressing Essig, Honig, Senf, Meerrettich und Öl in einem Schraubglas oder Dressing-Shaker kräftig schütteln, mit Salz und Pfeffer würzen.

2 Radieschen putzen, waschen und in Scheiben schneiden, mit dem Dressing mischen. Dill waschen und trocken tupfen, die Spitzen abzupfen und fein hacken. Den Granatapfel halbieren und nach außen stülpen. Kerne herauslösen, dabei die weißen Innenhäute entfernen. Feta zerbröckeln.

3 Alle Zutaten mischen, den Salat mit Salz und Pfeffer abschmecken und servieren.

FENCHEL-APFEL-SALAT

1 Bio-Zitrone | 100 g Sahnejoghurt | 2 EL Honig | 1 TL Dijonsenf | ½ TL Currypulver | 6 EL Salatöl (z. B. Walnussöl) | ½ Knoblauchzehe | Pfeffer | Salz | 500 g Fenchel | 2 Äpfel | 3 EL Pecannusskerne | 3 EL getrocknete Cranberrys

Spätsommer-Hit

Für 4 Personen | 15 Min. Zubereitung
Pro Portion ca. 345 kcal, 4 g EW, 25 g F, 26 g KH

1 Die Zitrone heiß waschen und abtrocknen, die Schale abreiben, den Saft auspressen. Joghurt mit Zitronenschale, 4 EL -saft, Honig, Senf, Currypulver und Öl in ein Schraubglas oder Dressing-Shaker geben. Knoblauch schälen und dazupressen. Kräftig schütteln und mit Pfeffer und Salz würzen.

2 Fenchel putzen, waschen und in feine Streifen schneiden, das Grün hacken. Äpfel waschen und halbieren, die Kerngehäuse entfernen. Die Apfelhälften in Spalten schneiden und diese dritteln. Fenchel, Apfel, Pecannüsse und Cranberrys mit dem Dressing mischen und einige Min. ziehen lassen. Mit Fenchelgrün garnieren.

ROHKOST MIT EXTRAS

SELLERIE-ANANAS-SALAT MIT HÄHNCHEN

Renaissance für den altbackenen Staudensellerie. Denn mit Hähnchen, Ananas und Kürbiskernen wird daraus ein Salat mit Hitpotenzial!

200 g Hähnchenbrustfilet
Salz
8 Stangen Staudensellerie
500 g Ananasfruchtfleisch
(von 1 kleinen Ananas)
2 EL Kürbiskerne
4 EL Apfelbalsamessig
1–2 TL Honig
3 EL Salatöl (z. B. Rapsöl)
Pfeffer
100 g Mixsalat

Leichter Sattmacher

Für 4 Personen |
35 Min. Zubereitung
Pro Portion ca. 275 kcal,
15 g EW, 14 g F, 20 g KH

1 Das Hähnchenfleisch mit Küchenpapier trocken tupfen. In einer Pfanne 1 cm hoch Salzwasser erhitzen und das Fleisch darin zugedeckt bei schwacher bis mittlerer Hitze ca. 8 Min. garen. Herausnehmen und abkühlen lassen, die Pfanne säubern.

2 Den Sellerie waschen, putzen und in dünne Scheiben schneiden. Ananas schälen, den harten Strunk und die dunklen Schalenreste wegschneiden. Das Fruchtfleisch würfeln. Die Kürbiskerne in der Pfanne ohne Fett anrösten, bis sie knacken und es zu duften beginnt. Die Kerne sofort auf einen Teller füllen. Das Hähnchenfleisch klein zupfen.

3 Alle vorbereiteten Zutaten in einer Schüssel mischen. Für das Dressing Essig, 1 TL Honig und Öl in einem Schraubglas oder Dressing-Shaker kräftig schütteln, mit Salz und Pfeffer würzen. Mit dem Salat mischen und 10 Min. ziehen lassen.

4 Den Mixsalat waschen und trocken schleudern. Den Salat mit Salz, Pfeffer und etwas Honig abschmecken. Die Salatblätter unterheben und den Salat servieren.

TIPP Statt Ananas 1 Apfel waschen, halbieren, vom Kerngehäuse befreien und würfeln. 150 g kernlose Weintrauben waschen und von den Stängeln zupfen. Den Salat wie beschrieben zubereiten und servieren.

STEIRISCHER KRAUTSALAT

5 EL Apfelbalsamessig | 1 EL Honig | 2 TL gekörnte Gemüsebrühe | 4 EL Salatöl (z. B. Sonnenblumenöl) | 1 EL Kürbiskernöl | Salz | Pfeffer | 600 g Weißkohl (siehe Tipp) | 4 EL Kürbiskerne | 50 g Speckwürfel (nach Belieben mager oder durchwachsen) | 1 TL Öl zum Braten | 1 TL Kümmelsamen

Richtig herzhaft

Für 4 Personen | 20 Min. Zubereitung
Pro Portion ca. 330 kcal, 7 g EW, 28 g F, 11 g KH

1 Für das Dressing Essig, Honig, Brühe und beide Ölsorten in einem Schraubglas oder Dressing-Shaker kräftig schütteln, mit Salz und Pfeffer würzen.

2 Den Kohl putzen und waschen, den harten Strunk entfernen und die Blätter in feine Streifen schneiden. Die Kürbiskerne in einer großen Pfanne ohne Fett anrösten, bis sie zu knacken beginnen und sich aufblähen. Sofort herausnehmen.

3 Den Speck in etwas Öl in der Pfanne knusprig auslassen. Den Kümmel dazugeben und kurz mitbraten. Kohl und Dressing dazugeben und kurz durchschwenken. Kürbiskerne untermischen, alles in eine Schüssel füllen, mit Salz und Pfeffer abschmecken und abkühlen lassen.

TIPP

Abwechslung gefällig? Der Salat schmeckt auch mit dem milden weißen Jaromakohl, mit Rotkohl oder rotem Spitzkohl hervorragend. Auch Chinakohl oder Fenchel können auf diese herzhafte Art zubereitet werden.

14 ROHKOST MIT EXTRAS

SPITZKOHLSALAT MIT MIE-NUDELN

500 g Spitzkohl | 1 Bund Frühlingszwiebeln | 1 rote Paprikaschote | 6 EL Apfelbalsamessig | 3 EL helle Sojasauce | 2 EL Rohrohrzucker | 4 EL Salatöl (z. B. Traubenkernöl) | Salz | 80 g Mie-Nudeln | 50 g Butter | 3 EL Öl zum Braten | 2 EL Sesam | 2 EL Sonnenblumenkerne

Klassiker mal anders

Für 4 Personen | 20 Min. Zubereitung
Pro Portion ca. 440 kcal, 9 g EW, 31 g F, 30 g KH

1 Kohl putzen und waschen. Den harten Strunk entfernen, die Blätter in feine Streifen schneiden. Frühlingszwiebeln putzen, waschen und in Ringe schneiden. Paprika längs halbieren, entkernen, waschen und in kleine Würfel schneiden.

2 Für das Dressing Essig mit 2 ½ EL Sojasauce und Zucker aufkochen und vom Herd nehmen. Das Öl unterschlagen. Das Dressing mit Salz würzen und mit den vorbereiteten Salatzutaten mischen.

3 Die Nudeln in einem Gefrierbeutel mit einer Teigrolle fein zerkleinern. Butter und Öl in einer Pfanne erhitzen und die Nudeln darin kurz anbraten. Sesam und Sonnenblumenkerne dazugeben und weiterbraten, bis alles gut gebräunt ist. Nudeln und Kerne auf Küchenpapier abtropfen lassen. Dann mit dem Salat mischen. Den Salat mit Salz und Sojasauce abschmecken und servieren.

ROHKOST MIT EXTRAS

WINTERSALAT MIT ZIMT-CROÛTONS

Wenn der Körper im Winter mehr Vitamine braucht, ist dieser Salat genau richtig – und die Zimt-Croûtons sorgen für jede Menge Knusperspaß.

2 Stauden Chicorée
300 g Möhren
2 Orangen (oder 4 Mandarinen)
8 Datteln (ohne Stein)
6 EL Apfelbalsamessig
2 TL Meerrettich (aus dem Glas oder frisch gerieben)
2 EL Honig
Zimtpulver
6 EL Salatöl (z. B. Rapsöl)
Salz | Pfeffer
2 Scheiben Toastbrot
Öl zum Braten
2 Beete Kresse

Fruchtig frisch

Für 4 Personen |
20 Min. Zubereitung
Pro Portion ca. 295 kcal,
3 g EW, 16 g F, 33 g KH

1 Vom Chicorée den Strunk herausschneiden und die Stauden entblättern. Die Blätter waschen, trocken schleudern und in Streifen schneiden. Die Möhren schälen und grob raspeln. Die Orangen bis ins Fleisch schälen und würfeln. Mandarinen gegebenenfalls schälen, in Segmente teilen und diese halbieren. Datteln in Ringe schneiden. Alles in eine Schüssel füllen.

2 Für das Dressing Essig, Meerrettich, Honig, 1 Prise Zimt, Öl und etwas Salz in einem Schraubglas oder Dressing-Shaker kräftig schütteln und mit Salz und Pfeffer würzen. Das Dressing über die vorbereiteten Zutaten gießen.

3 Für die Croûtons das Brot in Würfel schneiden. In einer Pfanne ½ cm hoch Öl erhitzen, die Brotwürfel darin rundherum braun braten. Dann mit Zimt bestäuben, noch kurz wenden und auf Küchenpapier abtropfen lassen.

4 Kresse von den Beeten schneiden und bis auf 4 EL unter den Salat heben. In Salatschalen anrichten. Die Croûtons darüberstreuen und mit der restlichen Kresse garnieren.

TIPP

Auch die anderen Zichoriensalate Endivie, Frisée und Radicchio passen sehr gut zu diesem Salat. Die Endivienblätter vor der Zubereitung 10 Min. in warmem Wasser einweichen, damit sich die Bitterstoffe lösen.

KLASSIKER MAL ANDERS

Wir lieben sie: Gurkensalat, Caprese oder Kartoffelsalat. Hier bekommen die beliebtesten Salatklassiker mit raffinierten Extras ganz neuen Style. So landen Saltimbocca auf Caesar Salad, Melone im griechischen Hirtensalat oder gebackener Kürbis auf Feldsalat. Und alles wird einfach lecker!

CAESAR SALAD MIT SALTIMBOCCA

Hähnchenfleisch ist eines der beliebtesten Toppings für Caesar Salad. Warum nicht einmal kleine verführerische Saltimbocca daraus zaubern?

Für das Dressing:
½ Knoblauchzehe
2 Sardellenfilets (in Öl eingelegt)
1 Eigelb (L)
2 EL Aceto balsamico bianco
1 EL Zitronensaft
1 TL eingelegte Kapern
2 TL Honig
100 ml Walnussöl (oder Rapsöl)
Für den Salat:
300 g Hähnchenbrustfilet
6 Scheiben roher Schinken
12 große Salbeiblätter
3 Römersalatherzen
120 g Parmesan (am Stück)
20 cm Ciabattabrot
Außerdem:
Salz | Pfeffer
Zahnstocher
Öl zum Braten

Italia meets USA

Für 4 Personen |
35 Min. Zubereitung
Pro Portion ca. 560 kcal,
40 g EW, 41 g F, 7 g KH

1 Für das Dressing sollten alle Zutaten Zimmertemperatur haben. Den Knoblauch schälen, die Sardellen abtropfen lassen. Beides mit Eigelb, Essig, Zitronensaft, Kapern und Honig mit dem Stabmixer oder im Blitzhacker pürieren. Das Öl dazulaufen lassen und untermixen. 2 EL Wasser unterrühren, salzen und pfeffern.

2 Das Hähnchenbrustfilet mit Küchenpapier trocken tupfen. Schräg in 12 dünne Scheibchen schneiden und diese rundherum mit Salz und Pfeffer würzen. Die Schinkenscheiben halbieren und auf die Hähnchenschnitzelchen legen. Die Salbeiblätter waschen, trocken tupfen und auf den Schinken legen. Salbei und Schinken mit Zahnstochern feststecken.

3 Den Backofen auf 80° vorheizen. Die Salatherzen zerpflücken. Die Blätter waschen, putzen, trocken schleudern und etwas kleiner zupfen oder in grobe Streifen schneiden. Den Parmesan grob reiben oder in Späne hobeln.

4 Das Ciabattabrot in 12 Scheiben schneiden. 4 EL Öl in einer großen Pfanne erhitzen, die Brote darin in zwei Portionen von beiden Seiten knusprig braun braten. Fertiges Röstbrot herausnehmen, auf Küchenpapier abtropfen lassen und im Backofen warm halten.

5 Die Pfanne säubern. Die Saltimbocca in zwei Portionen in wenig Öl von beiden Seiten je 3–4 Min. braten, bis sie leicht gebräunt und gar sind. Fertige Saltimbocca im Backofen warm halten.

6 Den Salat mit dem Dressing mischen und auf vier Teller verteilen. Mit Parmesan bestreuen, das Brot daneben anrichten. Die Saltimbocca auf dem Salat anrichten und alles sofort servieren.

KLASSIKER MAL ANDERS

CAPRESE BLANKENESE

½ rote Zwiebel | 1 Stängel Dill | 2 EL Aceto balsamico bianco | 1 TL Dijonsenf | Salz | Pfeffer | 2 große Tomaten | 2 Kugeln Mozzarella (à 125 g) | 3–4 Stängel Basilikum | 2 EL Olivenöl | 75 g Nordseekrabben (geschält und gegart)

Nordisch köstlich

Für 4 Personen | 15 Min. Zubereitung
Pro Portion ca. 235 kcal, 16 g EW, 18 g F, 2 g KH

1 Die Zwiebel schälen und in kurze Streifen schneiden. Den Dill waschen und trocken tupfen. Die Spitzen abzupfen und fein hacken. Zwiebel und Dill mit Essig und Senf mischen, mit Salz und Pfeffer würzen und beiseitestellen.

2 Tomaten waschen. Mozzarella abtropfen lassen. Beides in dünne Scheiben schneiden. Basilikum waschen und trocken tupfen, Blätter abzupfen. Tomaten, Mozzarella und Basilikum auf einer Servierplatte nebeneinander in zwei bis drei Reihen dachziegelartig übereinanderlegen, mit etwas Salz würzen und mit Olivenöl beträufeln.

3 Die Krabben mit der Zwiebelmarinade mischen und locker auf der Caprese verteilen. Etwas Pfeffer grob darübermahlen und servieren. Dazu passt geröstetes Ciabatta mit Kräuterbutter.

TIPP
Für eine klassische Caprese Tomaten, Mozzarella und Basilikum wie beschrieben auslegen. Mit Olivenöl und etwas Balsamico beträufeln, Salz und Pfeffer frisch darübermahlen.

KLASSIKER MAL ANDERS

BRUSCHETTA-SALAT

1 rote Zwiebel | 5 EL Aceto balsamico | 1½ EL Honig | Salz | Pfeffer | 500 g bunte Kirschtomaten (rot, gelb und orange) | 4–5 Stängel Basilikum | 1 Handvoll Rucola (ca. 50 g) | 2 Knoblauchzehen | 150 g Ciabattabrot (ca. 50 g) | 5 EL Olivenöl

Schön tomatig

Für 4 Personen | 20 Min. Zubereitung
Pro Portion ca. 255 kcal, 4 g EW, 13 g F, 28 g KH

1 Für das Dressing die Zwiebel schälen und in kleine Würfel schneiden. Zwiebel, Essig und Honig in ein Schraubglas oder einen Dressing-Shaker geben und kräftig schütteln. Mit Salz und Pfeffer würzen und 10 Min. ziehen lassen.

2 Die Tomaten waschen und halbieren. Basilikum waschen und trocken tupfen, Blätter abzupfen. Rucola waschen und trocken schleudern, grobe Stiele entfernen. Knoblauch schälen und in Scheiben, das Brot in grobe Würfel schneiden.

3 Eine Pfanne erhitzen, das Olivenöl hineingeben. Die Brotwürfel darin bei mittlerer Hitze in 5–7 Min. rundherum goldbraun rösten, dabei immer wieder wenden. Kurz vor Schluss den Knoblauch dazugeben und etwas mitrösten.

4 Tomaten und Brot mit dem Zwiebeldressing mischen, Basilikum und Rucola unterheben und den Salat sofort servieren.

KLASSIKER MAL ANDERS

SOMMERSALAT MIT NEKTARINEN

Aus dem Duo Tomate und Mozzarella wird mit gebratenen Nektarinen, Blattsalat und Kürbiskernpesto ein unschlagbares Quintett.

40 g Kürbiskerne
2–3 EL Aceto balsamico
3 TL Honig
1 EL Kürbiskernöl
3 EL Olivenöl
30 g Basilikum
Salz | Pfeffer
125 g Mixsalat
1 Kugel Mozzarella (à 125 g)
1 große Tomate
2 Nektarinen
1 EL Zitronensaft

Urlaub auf dem Teller

Für 4 Personen |
25 Min. Zubereitung
Pro Portion ca. 270 kcal,
9 g EW, 21 g F, 11 g KH

1 Die Kürbiskerne in einer Pfanne ohne Fett anrösten, bis es zu knacken beginnt und sie sich aufblähen. Sofort auf einen Teller schütten, damit sie nicht weiterrösten. Die Hälfte der Kürbiskerne im Blitzhacker fein zermahlen und mit Essig, 1 TL Honig, Kürbiskernöl und 2 EL Olivenöl verrühren.

2 Basilikum waschen und trocken tupfen, die Blätter abzupfen, fein hacken und unter die Kürbiskernmasse mischen. Das Pesto mit Salz und Pfeffer würzen.

3 Den Mixsalat waschen, trocken schleudern und auf einer großen Salatplatte verteilen. Mozzarella abtropfen lassen. Tomate waschen, beides in Scheiben schneiden, salzen, pfeffern und auf dem Salat anrichten.

4 Nektarinen waschen, halbieren und entsteinen. Die Hälften in schmale Spalten schneiden. 1 EL Olivenöl in einer großen Pfanne erhitzen, die Nektarinenspalten darin kurz anbraten. 2 TL Honig dazugeben und bei mittlerer Hitze aufwallen lassen, dann sofort aus der Pfanne nehmen. Zitronensaft darüberträufeln und mit etwas Salz und Pfeffer würzen. Die Nektarinenspalten ebenfalls auf dem Salat verteilen. Alles mit dem Pesto beträufeln, mit den restlichen Kürbiskernen bestreuen und servieren.

TIPP Auch auf sommerlichen Büfetts macht sich dieser Salat perfekt. Dafür einfach die Mengen verdoppeln und alles auf einer großen Servierplatte anrichten. Das Pesto-Dressing erst kurz vor dem Servieren darüberträufeln.

GURKEN-SCHICHTSALAT

2 EL Rotweinessig | 2 TL Honig | 2 EL Salatöl (z. B. Distelöl) | Salz | Pfeffer | 1 Salatgurke | 1 orange Paprikaschote | 150 g Kirschtomaten | je 3 Stängel Minze und Dill | 150 g griechischer Joghurt

Eat fresh! 🌿

Für 4 Portionen | 20 Min. Zubereitung
Pro Portion ca. 115 kcal, 5 g EW, 7 g F, 7 g KH

1 Für das Dressing Essig, Honig und Öl in einem Schraubglas oder Dressing-Shaker kräftig schütteln, mit Salz und Pfeffer würzen. Die Gurke schälen, längs halbieren und in Scheiben schneiden. Mit dem Dressing mischen und ziehen lassen.

2 Währenddessen die Paprikaschote längs halbieren und von den Kernen und den weißen Zwischenhäuten befreien. Die Paprika und die Tomaten waschen und in kleine Würfel schneiden. Minze und Dill waschen und gut trocken tupfen. Die Blätter bzw. die Spitzen abzupfen und in feine Streifen schneiden bzw. fein hacken.

3 Den Joghurt und den Dill unter den Gurkensalat mischen, den Salat auf vier Weckgläser verteilen. Zuerst Paprika, dann Tomaten und Minze darüberstreuen und servieren.

TIPP

Wer es mediterran mag, streut noch etwas zerbröselten Schafskäse (Feta) zwischen Paprika und Tomaten.

THAI-GURKENSALAT

1 Salatgurke | 1 Bund Frühlingszwiebeln | 3–4 Stängel Koriandergrün | 4 EL Reisessig | 1 EL Rohrohrzucker | 2 EL Salatöl (z. B. Sesamöl) | Salz | 2–3 EL Erdnusskerne | ½ getrocknete rote Chilischote | Thai-Fischsauce (aus dem Asia-Shop)

Erfrischend scharf

Für 4 Personen | 15 Min. Zubereitung
Pro Portion ca. 140 kcal, 4 g EW, 11 g F, 7 g KH

1 Die Gurke schälen und in Würfel schneiden. Die Frühlingszwiebeln putzen, waschen und in Ringe schneiden. Koriander waschen und trocken tupfen, die Blätter abzupfen und in Streifen schneiden.

2 Für das Dressing Essig, Zucker und Öl in einem Schraubglas oder Dressing-Shaker kräftig schütteln und mit Salz würzen. Das Dressing mit den vorbereiteten Zutaten und den Erdnüssen mischen. Die Chili zermörsern. Nach Geschmack mit Chili, Salz und Fischsauce abschmecken.

TIPP

Für eine Extraportion Schärfe statt der getrockneten Chilischote 1 kleine Jalapeño-Schote entkernen, waschen, klein würfeln und mit den übrigen Salatzutaten mischen. Koriandergrün kann durch eine Mischung von Minze und Thai-Basilikum ersetzt werden. Besonders schön sieht der Salat aus, wenn Sie die Gurken nicht in Würfel, sondern mit dem Sparschäler un lange Streifen schneiden.

KLASSIKER MAL ANDERS

HIRTENSALAT MIT MELONE

Mal wieder urlaubsreif? Dann nehmen Sie für diesen sommerlichen Hirtensalat doch einmal Melone und Minze! Das weckt sofort Urlaubsgefühle.

1 rote Zwiebel
½ Salatgurke
250 g Kirschtomaten
1 rote, gelbe oder orange
Paprikaschote
400 g Galiamelone
100 g Schafskäse (Feta)
1 kleiner Radicchio (200 g)
2 Stängel Minze
1 Stängel Dill
100 g kleine schwarze Oliven
4 EL Rotweinessig
2 TL Honig
Salz | Pfeffer
6 EL Olivenöl

Für Schnibbelkünstler

Für 4 Personen |
20 Min. Zubereitung
Pro Portion ca. 335 kcal,
7 g EW, 28 g F, 12 g KH

1 Die Zwiebel schälen und in Ringe schneiden. Gurke und Tomaten waschen, Gurke längs halbieren und in Scheiben schneiden, die Tomaten halbieren. Die Paprika längs halbieren, entkernen waschen und in grobe Würfel schneiden. Die Melone schälen, entkernen und wie den Feta ebenfalls grob würfeln.

2 Vom Radicchio den harten Strunk entfernen. Die Blätter in Streifen schneiden, waschen und trocken schleudern. Kräuter waschen und trocken tupfen. Blätter und Spitzen abzupfen, die Dillspitzen fein hacken. Alle vorbereiteten Zutaten, bis auf den Dill, mit den Oliven in einer Schüssel mischen.

3 Für das Dressing Essig und Honig in einem Schraubglas oder Dressing-Shaker kräftig schütteln, mit Salz und Pfeffer würzen. Über die vorbereiteten Salatzutaten gießen und vorsichtig durchmischen. Mit Salz und Pfeffer abschmecken.

4 Den Salat auf vier Teller verteilen. Mit Olivenöl beträufeln und mit dem Dill bestreuen. Sofort servieren.

TIPP

Dieser Salat lässt sich hervorragend variieren.
Alle Melonensorten wie Cantaloup-, Honig- oder Zuckermelonen passen genauso gut dafür. Wenn Sie eine Wassermelone wählen, sollte sie wenige Kerne haben.
Probieren Sie statt Minze oder Dill einmal Petersilie und geben Sie noch eingelegte grüne Peperoni dazu. 1 gehackte Knoblauchzehe zusätzlich macht das Dressing richtig herzhaft. Den Essig nach Belieben ganz oder teilweise durch Zitronensaft ersetzen.

KLASSIKER MAL ANDERS

FRÜHLINGSSALAT MIT SPARGEL

4 Eier | 500 g weißer Spargel | 4 EL Apfelbalsamessig | 1½ EL flüssiger Honig | 1 EL Dijonsenf | 5 TL grünes Pesto | 6 EL Salatöl (z. B. Traubenkernöl) | Salz | Pfeffer | 200 g Mixsalat | 1 EL Butter | 1 EL Zitronensaft | 1 Beet Kresse

Sonntagsliebling

Für 4 Personen | 30 Min. Zubereitung
Pro Portion ca. 315 kcal, 10 g EW, 26 g F, 9 g KH

1 Die Eier in 6 Min. wachsweich kochen. Den Spargel schälen und die Stangen dritteln. In einem Topf mit Dämpfeinsatz über kochendem Wasser in 5 Min. bissfest dämpfen. Die gekochten Eier in kaltes Wasser legen und beiseitestellen. Den Spargel kalt abschrecken und abtropfen lassen.

2 Für das Dressing Essig, Honig, Senf, 2 TL Pesto und Öl in einem Schraubglas oder Dressing-Shaker kräftig durchschütteln, salzen und pfeffern. Salat waschen und trocken schleudern.

3 Butter in einer Pfanne erhitzen und den Spargel darin andünsten. Das restliche Pesto dazugeben und kurz durchschwenken. Den Spargel mit Zitronensaft ablöschen und salzen.

4 Den Salat mit dem Dressing mischen und auf vier Teller verteilen. Die Eier pellen und halbieren oder vierteln. Mit dem Spargel auf dem Salat anrichten. Die Kresse vom Beet schneiden und darüberstreuen. Sofort servieren. Dazu passt Brot, z. B. Focaccia (siehe S. 64).

KLASSIKER MAL ANDERS

HERBSTLICHER FELDSALAT

1 kleiner Hokkaidokürbis (800–900 g) | 6 EL Olivenöl | Salz | Pfeffer | 3 EL Apfelbalsamessig | 1 EL Honig | 1 EL Feigensenf | 1 EL Kürbiskernöl | 150 g Feldsalat | 400 g Egerlinge, Champignons oder Mischpilze | 1 EL Butter | 100 g Speckwürfel

Soulfood für stürmische Tage

Für 4 Personen | 40 Min. Zubereitung
Pro Portion ca. 505 kcal, 9 g EW, 38 g F, 36 g KH

1 Den Backofen auf 200° vorheizen. Den Kürbis kann man mit Schale verwenden. Kürbis waschen, unschöne Stellen wegschneiden. Den Kürbis halbieren, entkernen und in 3-5 cm breite Spalten schneiden. Diese mit 2 EL Olivenöl beträufeln und mit Salz und Pfeffer würzen. Auf dem mit Backpapier ausgelegten Blech im Backofen ca. 20 Min. backen, bis der Kürbis gar ist.

2 Für das Dressing Essig, Honig, Senf, Kürbiskernöl und 3 EL Olivenöl in einem Schraubglas oder im Dressing-Shaker kräftig durchschütteln, mit Salz und Pfeffer würzen. Feldsalat verlesen, waschen und trocken schleudern.

3 Die Pilze putzen, trocken abreiben und in Scheiben schneiden. Butter und 1 EL Olivenöl in einer Pfanne erhitzen, die Pilze darin anbraten. Speck dazugeben und weiterbraten, bis die Pilze gar sind und der Speck leicht knusprig ist.

4 Das Blech aus dem Ofen nehmen, die Kürbisspalten auf vier Tellern auslegen. Den Feldsalat mit dem Dressing mischen und darauf anrichten. Die Pilz-Speck-Mischung darauf verteilen und den Salat sofort servieren.

KLASSIKER MAL ANDERS

KARTOFFELSALAT MIT PULLED LACHS

Wer Pulled Pork mag, wird Pulled Lachs mit Barbecue-Topping lieben. Besonders in Kombination mit klassischem Kartoffelsalat.

600 g kleine Kartoffeln (Drillinge)
Salz
250 g Lachsfilet
2 EL Zitronensaft
1 EL Butter
2 EL Tomatenmark
5 TL Honig
½ TL geräuchertes Paprikapulver (oder rosenscharfes)
1 EL Öl
Pfeffer
100 g saure Sahne
50 g Salatmayonnaise
2 EL Rotweinessig
2 TL Meerrettich (aus dem Glas)
4 Radieschen
½ Bund Schnittlauch
2–3 EL Gemüsebrühe bei Bedarf

Perfekt fürs Büfett

Für 4 Personen |
20 Min. Zubereitung |
25 Min. Garen |
30 Min. Abkühlen
Pro Portion ca. 355 kcal,
16 g EW, 20 g F, 26 g KH

1 Den Backofen auf 200° (Oberhitze) vorheizen. Die Kartoffeln in wenig Salzwasser zum Kochen bringen und mit schräg aufgelegtem Deckel bei schwacher Hitze in 22–25 Min. gar kochen.

2 Das Lachsfilet unter fließendem kaltem Wasser waschen, mit Küchenpapier trocken tupfen, mit 1 EL Zitronensaft beträufeln und mit der Butter in eine Auflaufform legen. Tomatenmark, 3 TL Honig und restlichen Zitronensaft mit Paprikapulver und Öl verrühren, salzen und pfeffern. Den Fisch mit der Sauce bestreichen. Im Backofen (Mitte) 22–25 Min. backen, bis die Sauce leicht bräunt.

3 Die Kartoffeln abgießen und ausdampfen lassen. Nach Belieben schälen, Drillinge können Sie aber auch mit Schale essen. Für das Dressing die saure Sahne mit Mayonnaise, Essig, Meerrettich und dem restlichen Honig verrühren. Mit Salz und Pfeffer würzen. Die Kartoffeln halbieren, in einer Schüssel mit dem Dressing mischen und abkühlen lassen.

4 Die Auflaufform aus dem Ofen nehmen. Den Fisch mithilfe einer Gabel zerpflücken und mit der Sauce und dem Bodensatz mischen. Ebenfalls abkühlen lassen.

5 Radieschen putzen, waschen und in Stifte schneiden. Schnittlauch waschen, trocken tupfen und in Röllchen schneiden. Den Kartoffelsalat mit etwas Wasser oder Brühe verdünnen. Den Salat auf vier Weckgläser verteilen. Den Pulled Lachs daraufhäufen. Mit Radieschenstiften und Schnittlauch garnieren.

KLASSIKER MAL ANDERS

SALATE TO GO

Snacks vom Bäcker oder Essen aus der Kantine sind ganz okay, machen aber auf Dauer nicht zufrieden und sind nicht immer gesund. Mit diesen Salaten sind Sie auf den Heißhunger mittags bestens vorbereitet: Sie sind leicht bekömmlich, machen lange satt und bringen Sie gut durch die zweite Hälfte des Arbeitstages.

GRÜNKERNSALAT MIT BOHNEN

Grünkern ist unreif geernteter, gedarrter Dinkel – mit seinem leicht nussigen Geschmack die perfekte Basis für diesen Sattmacher-Salat.

100 ml Gemüsebrühe
100 g Grünkernschrot
200 g grüne TK-Bohnen
Salz
1 rote Zwiebel
1 Knoblauchzehe
3 EL Rotweinessig
2 TL körniger Senf
2 TL Honig
2 EL Salatöl (z. B. Traubenkernöl)
Pfeffer
2 Stängel Petersilie
150 g bunte Kirschtomaten
80 g Rucola

Heftig deftig 🌿

Für 2 Personen |
25 Min. Zubereitung
Pro Portion ca. 390 kcal,
16 g EW, 13 g F, 51 g KH

1 Gemüsebrühe in einem Topf aufkochen, den Grünkernschrot einrieseln lassen. Bei mittlerer Hitze zugedeckt ca. 1 Min. kochen, dann ohne Hitzezufuhr 10 Min. quellen lassen. Inzwischen die Bohnen in kochendem Salzwasser ca. 8 Min. garen.

2 Zwiebel und Knoblauch schälen und in kleine Würfel schneiden. Mit Essig, Senf, Honig und Öl in einem Schraubglas oder Dressing-Shaker kräftig schütteln, mit Salz und Pfeffer würzen.

3 Den Grünkernschrot vom Topfboden lösen, auf einem Teller ausbreiten, auflockern und abkühlen lassen. Die Bohnen abgießen, kalt abschrecken und abtropfen lassen. Bohnen am besten vorsichtig mit der Salatschleuder trocken schleudern und in einer Schüssel im Dressing marinieren.

4 Petersilie waschen und trocken tupfen. Die Blätter abzupfen und fein hacken. Petersilie und Grünkern mit den marinierten Bohnen mischen. Für den Transport in zwei Schraub- oder Bügelgläser füllen. Tomaten waschen und halbieren. Rucola verlesen, waschen und trocken schleudern, grobe Stiele entfernen. Zunächst Tomaten, dann Rucola auf den Grünkernsalat schichten. Die Gläser verschließen. Vor Gebrauch den Salat durchschütteln und auf Teller häufen oder in Schalen füllen.

TIPP Lust auf herzhafte Extras? 2 Scheiben gekochten Schinken, Putenbrustaufschnitt oder 1 Scheibe Kassler klein schneiden und unter den Salat mischen. Wenn Sie 100 g gebratenen Räuchertofu (in Würfeln) oder 50 g Emmentalerwürfel verwenden, diese lieber auf die Tomaten schichten und erst beim Schütteln unter den Salat mischen.

SALATE TO GO

BUCHWEIZENSALAT MIT AVOCADO

250 ml Gemüsebrühe | 100 g Buchweizen-Bulgur | 1 gelbe Paprikaschote | 1 Avocado (Hass) | 1 Orange | 4 Stängel Petersilie | 2 EL Aceto balsamico bianco | 2 EL Limettensaft | 1 EL Honig | 1 EL Salatöl (z. B. Rapsöl) | Salz | Cayennepfeffer

Mal was anderes

Für 2 Personen | 15 Min. Zubereitung | 30 Min. Quellen und Abkühlen
Pro Portion ca. 550 kcal, 8 g EW, 33 g F, 53 g KH

1 Brühe zum Kochen bringen. Buchweizen einstreuen und zugedeckt bei mittlerer Hitze 2–3 Min. kochen, bis die Brühe fast vollständig verkocht ist. Bulgur ohne Hitzezufuhr zugedeckt 10 Min. quellen, dann auf einem Teller abkühlen lassen.

2 Paprika längs halbieren, putzen und waschen. Avocado halbieren, entkernen und schälen. Orange bis ins Fruchtfleisch schälen. Alles würfeln. Petersilie waschen und trocken tupfen. Blätter abzupfen, in Streifen schneiden.

3 Paprika, Avocado, Orange und Petersilie mit Essig, Limettensaft, Honig und Öl mischen, mit Salz und Cayennepfeffer würzen. Abgekühlten Bulgur unterrühren. Salat in zwei Schraub- oder Bügelgläser füllen. Nach Belieben noch 1 Taler Ziegenfrischkäse zerbröckeln und über die Portionen streuen.

TIPP

Der Salat schmeckt auch mit Quinoa oder Couscous. Beides wie beschrieben zubereiten und mit den Zutaten mischen.

LINSENSALAT MIT SALBEI-BIRNE

100 g Belugalinsen | Salz | 1 Birne | 2 Zweige Salbei | 80 g Bacon (Frühstücksspeck) | 4 EL Olivenöl | 4 TL Honig | 5 EL Aceto balsamico bianco | Pfeffer | 2 EL Dijonsenf | 80 g Mixsalat | 4 EL Mandeln (mit Haut)

Raffinierte Kombi

Für 2 Personen | 25 Min. Zubereitung | 25 Min. Garen
Pro Portion ca. 740 kcal, 26 g EW, 50 g F, 44 g KH

1 Die Linsen ca. 2 cm hoch mit Wasser bedecken, aufkochen lassen und zugedeckt bei schwacher bis mittlerer Hitze in 20–25 Min. bissfest garen. (Achtung: Auf der Packung sind meist längere Garzeiten angegeben!) Nach 15 Min. Garzeit leicht salzen. Linsen in ein Sieb abgießen und abtropfen lassen. Auf einem Teller auf mehreren Lagen Küchenpapier weiter abtropfen lassen.

2 Birne waschen, halbieren, entkernen, schälen und klein schneiden. Salbeiblätter und Bacon in Streifen schneiden. Bacon in einer Pfanne ohne Fett knusprig braten, herausnehmen. Birne und Salbei in 2 EL Olivenöl anbraten. 2 TL Honig in der Pfanne aufwallen lassen, mit 2 EL Essig ablöschen, etwas verkochen lassen. Salzen und pfeffern.

3 Übrigen Essig und 2 TL Honig mit Senf und restlichem Öl verrühren. Salzen und pfeffern. Das Dressing in zwei Gläser füllen, Linsen, Birnen und Bacon daraufschichten. Den Salat waschen, trocken schütteln und mit den Mandeln daraufgeben. Gläser verschließen. Vor Gebrauch die Gläser schütteln und den Salat auf Teller häufen oder in Schalen füllen.

SALATE TO GO

GLASNUDELSALAT MIT TEMPEH

Tempeh verdient mehr Aufmerksamkeit, denn er schmeckt mit Sojasauce und Limettensaft gewürzt einfach fantastisch. Hier hat er einen großen Auftritt.

100 g Glasnudeln
2 ½ EL Salatöl (z. B. Sonnen-
blumenöl)
200 g Tempeh (aus dem Bio-
laden; ersatzweise Tofu)
2 EL helle Sojasauce
3 EL Limettensaft
3 TL Rohrohrzucker
1 Paprikaschote (rot, gelb oder
orange)
150 g Salatgurke
5 Stängel Koriandergrün
3 TL Sambal Oelek
2 TL thailändische Fischsauce
Salz
Öl zum Braten

Südostasien im Glas

Für 2 Personen |
30 Min. Zubereitung
Pro Portion ca. 505 kcal,
20 g EW, 21 g F, 58 g KH

1 Die Glasnudeln nach Packungsanweisung garen. Anschließend kalt abschrecken, abtropfen lassen und mit 1 TL Öl mischen, damit sie nicht zusammenkleben.

2 Tempeh in Scheiben schneiden. Reichlich Öl in einer Pfanne erhitzen. Tempehscheiben darin von beiden Seiten knusprig braun braten. Das Öl abgießen, Sojasauce, 1 EL Limettensaft und 1 TL Zucker dazugeben und alles kurz durchschwenken.

3 Die Paprikaschote längs halbieren, putzen, waschen und in feine Streifen schneiden. Die Gurke waschen, längs vierteln und in Scheiben schneiden. Koriander waschen und trocken tupfen, die Blätter abzupfen.

4 Für das Dressing restlichen Limettensaft, Zucker, Sambal Oelek, Fischsauce und übriges Salatöl in einem Schraubglas oder Dressing-Shaker kräftig schütteln, mit etwas Salz würzen. Für den Transport das Dressing in zwei Gläser füllen, Glasnudeln, Tempeh, Gurken, Paprika und Koriander daraufschichten. Vor Gebrauch schütteln, den Salat auf Teller oder in Schalen füllen.

TIPP

Tempeh nach Belieben durch 200 g TK-Garnelen (geschält und entdarmt) ersetzen. Diese auftauen lassen, waschen und trocken tupfen. In wenig Öl 2–3 Min. anbraten. 2 EL Limettensaft, 1 TL Sambal Oelek und 1 TL Rohrohrzucker dazugeben und alles kurz durchschwenken. Wie den Tempeh auf die Nudeln schichten und den Salat genießen.

SOMMERROLLEN MIT GARNELEN

Salat muss nicht immer in Schüsseln liegen. In Thailand und Vietnam wird er gerne in Reispapierblätter gerollt und mit würzigem Dip verspeist.

300 g TK-Garnelen (geschält, entdarmt und aufgetaut)
1 haselnussgroßes Stück Ingwer
1 EL Öl zum Braten
1 EL Limettensaft
Salz
Cayennepfeffer
5–6 Frühlingszwiebeln
150 g Möhren
8 Stängel Koriandergrün
100 g Mixsalat
8 runde Reispapierblätter
(22 cm ⌀; ca. 80 g; aus dem Asia-Shop)
Für den Thaidip:
3 EL Sojasauce
2 EL Limettensaft
1 EL Zucker

Knackig frisch

Für 2 Personen |
35 Min. Zubereitung
Pro Portion ca. 360 kcal,
25 g EW, 8 g F, 47 g KH

1 Die Garnelen unter fließendem kaltem Wasser waschen und trocken tupfen. Ingwer schälen und in kleine Würfel schneiden. Öl in einer Pfanne erhitzen, den Ingwer darin 3–4 Min. anbraten. Garnelen dazugeben und bei mittlerer Hitze 3–4 Min. mitdünsten, bis sie gar sind. Limettensaft unterrühren (Bild 1) und alles mit Salz und Cayennepfeffer würzen. Abkühlen lassen.

2 Die Frühlingszwiebeln putzen und waschen. Die Möhren schälen. Beides in feine Streifen schneiden (Bild 2). Koriandergrün waschen und trocken tupfen, die Blätter abzupfen. Den Salat waschen und trocken schleudern.

3 Reispapierblätter unter fließendem Wasser rundum anfeuchten und auf vier Tellern ausbreiten. 5 Min. ruhen lassen, bis sie weich und formbar sind.

4 Die Blätter mittig mit Koriander, Möhren, Frühlingszwiebeln und Salatmix belegen. Zuletzt je 3–4 Garnelen darauflegen. Die Reispapierblätter von unten über die Füllung klappen, dabei die Seiten nach innen legen (Bild 3). Die Blätter über der Füllung fest zusammenrollen. Die übrigen Sommerrollen genauso zubereiten. In gut schließende Boxen legen.

5 Für einen Thaidip alle Zutaten verrühren und dazu servieren Auch andere Dips passen gut (siehe Tipp).

TIPP Auch Erdnusssauce passt gut dazu. Oder Sweet Chili Sauce, Hoisinsauce oder Mango Sauce aus dem Asia-Shop.

SALATE TO GO

BACKHENDL-SALAT-WRAP

Die Österreicher sind ganz narrisch auf ihren Backhendl-Salat. Ich packe das Ganze lieber in einen Wrap und genieße es unterwegs.

100 g Hähnchenbrustfilet
Salz | Pfeffer
Cayennepfeffer
3 EL Mehl
60 g Semmelbrösel
1 EL Sesam
1 Ei
50–60 g Mixsalat
100 g Kirschtomaten
50 g Parmesan (am Stück)
2 weiche Weizentortillas
(ca. 117 g)
4 TL Honigsenf
ca. 1 EL Kürbiskernöl
Öl zum Ausbacken

Wraptastisch!

Für 2 Personen |
35 Min. Zubereitung
Pro Portion ca. 865 kcal,
41 g EW, 22 g F, 122 g KH

1 Das Fleisch trocken tupfen, in 6 Streifen schneiden und mit Salz, Pfeffer und Cayennepfeffer würzen. Mehl und Semmelbrösel mit Sesam auf separate Teller häufen. Das Ei in einem tiefen Teller verquirlen. In einem Topf 2 cm hoch Öl erhitzen.

2 Hähnchenstreifen im Mehl wenden, dann durch das Ei ziehen und in der Semmelbrösel-Mischung wenden. Im heißen Fett bei mittlerer Hitze in ca. 6 Min. goldbraun ausbacken. Herausheben und auf Küchenpapier abtropfen lassen.

3 Salat waschen und trocken schleudern. Tomaten waschen und halbieren. Parmesan in grobe Späne hobeln. Tortillas in einer Pfanne ohne Fett kurz von beiden Seiten erhitzen, bis sie sich leicht aufblähen und gut formbar sind.

4 Tortillas mittig mit einem Streifen Senf bestreichen, dann mit Parmesan, Tomaten, Salat und Hähnchenstreifen belegen. Zuletzt Kürbiskernöl darüberträufeln. Tortillas von unten über die Füllung klappen, dabei eine Seite leicht nach innen legen. Tortillas über der Füllung fest zu Wraps rollen. Sofort genießen oder für den Transport in Butterbrotpapier oder Alufolie rollen.

VARIANTE

WRAPS À LA NIÇOISE
100 g Prinzessbohnen in kochendem Salzwasser 6 Min. garen. Abgießen, abschrecken und trocknen. 3 in Öl eingelegte Artischockenherzen halbieren. 1 Dose Thunfisch (im eigenen Saft; 130 g Abtropfgewicht) abtropfen lassen. Den Fisch mit 1 EL Mayonnaise verrühren, mit Salz und Pfeffer würzen. Tortillas wie beschrieben mit den vorbereiteten Zutaten sowie 8 schwarzen Oliven (ohne Stein) und 50 g Mixsalat füllen.

MANGO-COLESLAW

50 g Salatmayonnaise | 50 g Joghurt | 1 EL Aceto balsamico bianco | 1 EL Limettensaft | 1 EL Honig | Salz | Pfeffer | Chiliflocken (nach Belieben, z. B. Chipotle) | 125 g Weißkohl (siehe Tipp S. 14) | 100 g Möhre | 1 kleine Dose Mais (140 g Abtropfgewicht) | 100 g Mangofruchtfleisch (geputzt und geschält) | je 2 Stängel Minze und Koriandergrün

American Diner aufs Brot

Für 2 Personen | 15 Min. Zubereitung
Pro Portion ca. 200 kcal, 5 g EW, 3 g F, 37 g KH

1 Mayonnaise und Joghurt mit Essig, Limettensaft und Honig verrühren. Mit Salz, Pfeffer und nach Belieben Chiliflocken würzen.

2 Kohl waschen und in feine Streifen schneiden. Mit dem Dressing mischen und kräftig durchkneten. Möhre schälen und raspeln. Mais abtropfen lassen. Mango in Streifen schneiden. Kräuter waschen, trocken tupfen, Blätter in Streifen schneiden. Alles mit dem Kohl mischen und in zwei Gefäße füllen. Mit je 2 Scheiben Brot genießen.

THUNFISCHSALAT

1 Schalotte | ½ Knoblauchzehe | 100 g Datteltomaten | je 2 Stängel Petersilie und Basilikum | 2 TL Kapern + 2 EL Kapernflüssigkeit | 1 Dose Thunfisch im eigenen Saft (130 g Abtropfgewicht) | 50 g Salatmayonnaise | Salz | Pfeffer | Honig

Mittelmeer-Hit aufs Brot

Für 2 Personen | 10 Min. Zubereitung
Pro Portion ca. 120 kcal, 17 g EW, 2 g F, 5 g KH

1 Schalotte und Knoblauch schälen und in feine Würfel schneiden. Tomaten waschen und halbieren. Kräuter waschen und trocken tupfen, die Blätter abzupfen und in Streifen schneiden. Kapern grob hacken. Aus der Thunfischdose mithilfe des Deckels die Flüssigkeit ausdrücken und abgießen.

2 Die vorbereiteten Zutaten mit Mayonnaise und Kapernflüssigkeit verrühren. Mit Salz, Pfeffer und etwas Honig würzen. In zwei Gefäße füllen. Den Salat auf je 2 Scheiben Brot nach Wahl streichen und genießen.

SELLERIE-KÄSE-SALAT

1 Ei | 100 g Selleriesalat (Fertigprodukt) | 100 g Gouda | ½ Bund Schnittlauch | 50 g Salatmayonnaise | 50 g Joghurt | ½ EL Rotweinessig | 1–2 TL Currypulver | 1 TL Honig | Salz | Pfeffer | Zitronensaft | Dijonsenf (nach Belieben)

Klassiker fürs Brot

Für 2 Personen | 20 Min. Zubereitung
Pro Portion ca. 230 kcal, 19 g EW, 13 g F, 9 g KH

1 Das Ei in 7 Min. hart kochen und in kaltem Wasser abkühlen lassen. Den Selleriesalat abtropfen lassen und etwas ausdrücken. Den Käse in Würfel schneiden. Den Schnittlauch waschen, trocken tupfen und in feine Röllchen schneiden. Das Ei pellen und ebenfalls würfeln.

2 Mayonnaise, Joghurt, Essig, Currypulver und Honig verrühren. Mit Salz, Pfeffer und Zitronensaft würzen. Mit den vorbereiteten Zutaten mischen und kurz ziehen lassen. Mit Salz, Pfeffer und nach Belieben etwas Dijonsenf abschmecken. In zwei Transportgefäße füllen. Auf jeweils 2 Scheiben Brot nach Wahl streichen und genießen.

FLEISCHSALAT MIT BOHNEN

50 g Kidneybohnen (aus der Dose) | 80 g Schinkenwurst (in Scheiben; nach Belieben vegetarisch oder vegan) | 60 g Cornichons | ½ Schalotte | 1 Stängel Petersilie | 2 EL Salatmayonnaise (nach Belieben vegan) | 2 EL Joghurt | 1 EL Rotweinessig | 1 TL Dijonsenf | 1 TL Honig | Salz | Pfeffer

Seelentröster

Für 2 Personen | 15 Min. Zubereitung
Pro Portion ca. 215 kcal, 8 g EW, 13 g F, 14 g KH

1 Bohnen in ein Sieb abgießen, abspülen und abtropfen lassen. Wurst in feine Streifen schneiden, diese halbieren oder dritteln. Cornichons in Scheiben schneiden. Schalotte schälen und fein würfeln. Petersilie waschen und trocken tupfen, die Blätter in Streifen schneiden.

2 Mayonnaise, Joghurt, Essig, Senf, Honig, Salz und Pfeffer verrühren. Mit den vorbereiteten Zutaten mischen und kurz ziehen lassen, abschmecken. In zwei Transportgefäße füllen. Auf je 2 Scheiben Brot nach Wahl streichen und genießen.

SALATE TO GO

WELLNESS-SALATE

Der Alltag hält viele Herausforderungen für uns bereit. Wie schön, wenn man dem Stress schon mit dem richtigen Salat den Garaus machen kann. Brauchen Sie eine Portion Superfood, wollen Sie entgiften oder mit einer bunten Gemüsemischung die Sinne streicheln? Meine »Spirituals« bringen Sie im Handumdrehen wieder in Balance.

BUDDHA BOWL

Bunte Schüsseln voller Glück: Eine Buddha Bowl mit ihren tollen Zutaten und den Superfoods ist fast zu schön, um sie einfach aufzuessen.

200 g Hirse
Salz
1 rote Paprikaschote
100 g Spinat
2 Orangen
2 Avocados
6 EL Limettensaft
4 EL Sesammus (Tahini)
4 TL Honig
½ TL gemahlener Kreuzkümmel
Pfeffer
100 g Mandeln (mit Haut)
1 TL Sesam oder Schwarzkümmel
(nach Belieben)

Genuss pur

Für 4 Personen |
25 Min. Zubereitung
Pro Portion ca. 765 kcal,
18 g EW, 55 g F, 47 g KH

1 Die Hirse mit 400 ml leicht gesalzenem Wasser zum Kochen bringen und zugedeckt bei mittlerer Hitze 5 Min. kochen. Hirse ohne Hitzezufuhr noch 10 Min. quellen lassen. Dann auf Backpapier ausbreiten und abkühlen lassen.

2 Paprika längs halbieren, putzen, waschen und in Streifen schneiden. Spinat verlesen, waschen und trocken schleudern, grobe Stiele entfernen. Orangen bis ins Fleisch schälen und in Scheiben schneiden. Avocados halbieren, entkernen, schälen und quer in Scheiben schneiden.

3 Für das Dressing Limettensaft mit Sesammus, Honig und Kreuzkümmel verrühren. Mit Wasser zu einer zähflüssigen Konsistenz verdünnen. Mit Salz und Pfeffer würzen.

4 Die Hirse mittig in vier Salatschalen häufen. Das Dressing rundherum träufeln. Die übrigen vorbereiteten Zutaten und die Mandeln nebeneinander rund um die Hirse anrichten. Nach Belieben mit Sesam oder Schwarzkümmel bestreuen und servieren.

TIPP Lust auf Quinoa? Neugierig auf Amaranth? Auch mit diesen getreideähnlichen Körnern schmeckt die Buddha Bowl. Einfach statt Hirse die gleiche Menge Quinoa oder Amaranth nach Packungsanweisung zubereiten und mit den übrigen Zutaten anrichten. Faule salzen 200 g Couscous und übergießen ihn mit 200 ml kochendem Wasser. Zugedeckt 10 Min. quellen lassen, dann wie beschrieben zubereiten.

SUPERFOOD-SALAT

2 Avocados (Hass) | 2 kleine Papayas | 4 EL Limettensaft | 4 TL flüssiger Honig | Salz | 2 EL Apfelbalsamessig | 1 TL Sesammus | 4 EL Salatöl (z. B. Traubenkernöl) | Pfeffer | 1 Granatapfel | 8 Datteln | 125–150 g Rucola | 6 EL Kürbiskerne

Superknackig

Für 4 Personen | 25 Min. Zubereitung
Pro Portion ca. 640 kcal, 10 g EW, 48 g F, 28 g KH

1 Avocados und Papayas halbieren, entkernen und schälen. Die Früchte längs in schmale Streifen schneiden. Diese mit etwas Abstand voneinander fächerförmig auf vier Tellern auslegen. 2 EL Limettensaft mit 2 TL Honig verrühren und auf Avocados und Papayas träufeln. Die Avocados leicht salzen.

2 Für das Dressing Essig, restlichen Limettensaft, Sesammus, übrigen Honig und das Öl in einem Schraubglas oder Dressing-Shaker kräftig durchschütteln, mit Salz und Pfeffer würzen.

3 Granatapfel halbieren und entkernen. Dafür die Hälften vierteln, die Kerne durch Aufbrechen der weißen Häute befreien und herauslösen. Die Datteln, falls nötig, entsteinen und in Streifen oder Ringe schneiden.

4 Rucola verlesen, waschen, trocken schleudern und grobe Stiele entfernen. Die Blätter mittig auf den Tellern anrichten und mit dem Dressing beträufeln. Granatapfelkerne, Kürbiskerne und Datteln darauf anrichten, den Salat servieren.

DETOX-SALAT

30 g Quinoa (roter, ersatzweise weißer) | Salz | 50 g Ingwer | 6 EL Zitronensaft | 6 EL Salatöl (z. B. Traubenkernöl) | 1 EL Honig | Pfeffer | 1 Radicchio (ca. 250 g) | 1 Pink Grapefruit | 125 g Heidelbeeren | 2 Zweige Melisse (ersatzweise Minze) | 4 EL Mandeln (mit Haut)

Entgiften mit Wow-Effekt

Für 4 Personen | 40 Min. Zubereitung
Pro Portion ca. 330 kcal, 6 g EW, 24 g F, 20 g KH

1 Quinoa mit 100 ml leicht gesalzenem Wasser zum Kochen bringen und zugedeckt 15 Min. köcheln lassen.

2 Währenddessen für das Dressing den Ingwer schälen und klein schneiden. Mit Zitronensaft, Öl, Honig und etwas Salz mit dem Stabmixer kräftig durchmixen. Mit Salz und Pfeffer würzen. Den Quinoa offen weiterkochen lassen, bis die gesamte Flüssigkeit verkocht ist. Dann auf Backpapier ausbreiten und abkühlen lassen.

3 Radicchio zerpflücken, dabei den harten Strunk entfernen. Blätter waschen, trocken schleudern und klein zupfen. Die Grapefruit filetieren: schälen, dabei auch die weiße Innenhaut entfernen. Grapefruit halbieren, die einzelnen Segmente nacheinander zur Mitte hin aufschneiden, die Haut jeweils herunterziehen und die Filets herauslösen. Heidelbeeren waschen und abtropfen lassen. Melisse waschen und trocken tupfen, die Blätter abzupfen.

4 Radicchio mit dem Dressing mischen und auf vier Teller verteilen. Grapefruitfilets darauf anrichten, Quinoa, Mandeln, Heidelbeeren und Melisse darüberstreuen und den Salat genießen.

WELLNESS-SALATE

SÜSSKARTOFFEL-AVOCADO-SALAT

Braucht die Seele Futter? Nach einem stressigen Tag bringt dieser famose Salat Sie sofort wieder in den Wellness-Modus.

Für den Salat:
800 g Süßkartoffeln
½ TL gemahlener Kreuzkümmel
Salz
1 EL Olivenöl
8 Radieschen
100 g kernlose rote oder blaue Weintrauben
4 Blätter Radicchio
100 g Mixsalat
1 Avocado (Sorte Hass)
4 EL ungeschälter Sesam

Für das Dressing:
3 EL Limettensaft
2 TL Erdnussmus
2 TL Honig
2 TL gemahlene Kurkuma (siehe Tipp)
4 EL Salatöl (z. B. Traubenkernöl)
Salz

Macht glücklich 🌿

Für 4 Personen |
40 Min. Zubereitung
Pro Portion ca. 555 kcal,
8 g EW, 36 g F, 49 g KH

1 Den Backofen samt Blech auf 200° vorheizen. Für den Salat die Süßkartoffeln schälen und in Scheiben schneiden. In einer Schüssel mit Kreuzkümmel, Salz und Öl mischen und auf Backpapier auslegen. Vorsichtig auf dem Blech verteilen und 20–25 Min. backen, bis die Scheiben gar sind, dabei einmal wenden.

2 Für das Dressing Limettensaft, Erdnussmus, Honig, Kurkuma und Öl fein pürieren und mit Salz würzen.

3 Radieschen putzen, waschen und in Scheiben schneiden. Die Trauben waschen und abzupfen. Radicchio und Salat waschen und trocken schleudern, den Radicchio etwas klein zupfen. Die Avocado halbieren, entkernen, schälen und in dünne Scheiben schneiden. Sesam in einer Pfanne ohne Fett anrösten, bis er leicht gebräunt ist.

4 Das Blech aus dem Ofen nehmen und die Süßkartoffeln etwas abkühlen lassen. Dann auf vier Tellern auslegen. Die übrigen Salatzutaten in einer Schüssel mischen und auf den Süßkartoffeln anrichten. Mit dem Dressing beträufeln und servieren.

TIPP

Kurkuma liegt wegen seiner gesundheitsfördernden Eigenschaften voll im Trend. Neuerdings sind auch die frischen Wurzeln hierzulande erhältlich – meist in Bioläden oder Asia-Shops. Für das Dressing statt dem Pulver 20 g frische Wurzel verwenden. Die Wurzel schälen (wegen der stark färbenden Eigenschaften am besten mit Einmalhandschuhen), klein schneiden und mit den restlichen Zutaten durchmixen.

ERDBEER-ZIEGENKÄSE-CARPACCIO

Wenn säuerlicher Ziegenfrischkäse, süße Erdbeeren, Kürbiskerne und Melisse auf Balsamico-Kakao-Sirup treffen, sind Geschmacksexplosionen garantiert.

Für den Balsamico-Kakao-Sirup:
100 ml Aceto balsamico
30 g Rohrohrzucker
1 TL Kakaopulver
Für den Salat:
4 EL Kürbiskerne
½ rote Zwiebel
4 Zweige Melisse
400 g Erdbeeren
200 g Ziegenweichkäse (oder Ziegenfrischkäsetaler)
15 cm Ciabattabrot
Außerdem:
Salz | Pfeffer
Öl zum Ausbacken

Sommertraum für Genießer

Für 4 Personen |
35 Min. Zubereitung
Pro Portion ca. 410 kcal,
18 g EW, 21 g F, 35 g KH

1 Für den Sirup Essig mit Zucker und 1 Prise Salz in einem Topf bei mittlerer Hitze in ca. 5 Min. leicht dicklich einkochen lassen. Das Kakaopulver unterrühren und kurz weiterköcheln. Vom Herd nehmen und lauwarm abkühlen lassen.

2 Den Backofen auf 100° vorheizen. Kürbiskerne in einer Pfanne ohne Fett hellbraun anrösten und sofort herausnehmen. Die Zwiebel schälen und in feine Streifen schneiden. Melisse waschen und trocken tupfen, die Blätter abzupfen. Erdbeeren waschen, entkelchen und in Scheiben schneiden. Käse in Scheiben schneiden und auf vier Tellern auslegen.

3 In der Pfanne ½ cm hoch Öl erhitzen. Das Brot in dünne Scheiben schneiden, portionsweise von beiden Seiten goldbraun braten und auf Küchenpapier abtropfen lassen. Die Teller für 1–2 Min. in den Ofen stellen, sodass der Käse leicht erwärmt ist.

4 Den Käse mit dem Sirup beträufeln. Zwiebel, Erdbeeren, Melisse und Kürbiskerne darauf verteilen. Etwas Pfeffer grob darübermahlen und nach Belieben noch mit etwas Salz bestreuen. Mit dem Röstbrot servieren.

TIPP Besonders attraktiv wird der Salat, wenn der weiße Käse die roten Beeren toppt. Dafür alle Käsescheiben auf einer Platte im Ofen erwärmen (siehe Schritt 3). Währenddessen die anderen Salatzutaten auf vier Teller verteilen. Die erwärmten Käsescheiben daraufsetzen und den Salat wie beschrieben fertigstellen.

AHI POKÉ MIT THUNFISCH

2 Schalotten | 1 Knoblauchzehe | 2 Frühlingszwiebeln | ½ getrocknete rote Chilischote | 1 EL Sesam (ungeschält) | 4 EL helle Sojasauce | 1 TL geröstetes Sesamöl | 1 TL Limettensaft | 1 Stück frischer Ingwer (ca. 3 cm) | Honig | Salz | 600 g Thunfischfilet (Sushi-Qualität) | ½ Salatgurke | ½ Beet Kresse (ersatzweise Daikon-Kresse)

Aus Hawaii

Für 4 Personen | 20 Min. Zubereitung | ggf. 1 Std. Marinieren
Pro Portion ca. 395 kcal, 35 g EW, 27 g F, 4 g KH

1 Schalotten und Knoblauch schälen und fein würfeln. Zwiebeln putzen, waschen und in feine Ringe schneiden. Die Chilischote zerstoßen. Ingwer schälen und reiben. Sesam in einer Pfanne ohne Fett anrösten, bis er duftet. Sofort herausnehmen.

2 Alles mit Sojasauce, Sesamöl, Limettensaft, Ingwer und ganz wenig Honig mischen, leicht salzen.

3 Thunfisch trocken tupfen und würfeln. Gurke schälen, längs halbieren, mit einem Löffel entkernen und würfeln. Beides mit der Marinade mischen und je nach Geschmack sofort servieren oder bis zu 1 Std. zugedeckt kühl stellen.

4 Den Salat auf vier Schälchen verteilen, die Kresse vom Beet schneiden und darüberstreuen. das Ahi Poké sofort servieren. Dazu passt am besten japanischer (Sushi-)Reis.

TIPP

Auf Hawaii gibt es dazu auch Algen. Dafür 1–2 EL Wakame-Algen (in feinen Streifen; Asia-Shop) einweichen, dann kräftig ausdrücken und unter den Salat mischen.

JAPANISCHER ALGENSALAT

1 Packung (20 g) Seaweed Salad (getrocknete Algen für Salat; Asia-Shop) | 2 EL helle Sojasauce | 1 EL Reisessig | 1 EL Saft von ½ Limette | 2 TL geröstetes Sesamöl | 1 EL Mirin (süßer Reiswein; Asia-Shop) | 1 TL Rohrohrzucker | 1 rote Chilischote | 1 haselnussgroßes Stück Ingwer | 1 Frühlingszwiebel | 1 EL Sesam (ungeschält) | 2 Stängel Koriandergrün | Salz

Trend aus Sushi-Bars

Für 4 Personen | 15 Min. Zubereitung | 1 Std. Marinieren
Pro Portion ca. 75 kcal, 1 g EW, 5 g F, 7 g KH

1 Algen nach Packungsanweisung einweichen. Sojasauce, Essig, Limettensaft, Öl, Mirin und Zucker verrühren. Chili waschen, in feine Ringe schneiden und entkernen. Ingwer schälen und fein reiben, beides unterrühren.

2 Die Algen abgießen und kräftig ausdrücken, bis kein Wasser mehr austritt. Mit dem Dressing mischen und zugedeckt ca. 1 Std. marinieren.

3 Frühlingszwiebel putzen, waschen und in feine Ringe schneiden. Sesam in einer Pfanne ohne Fett anrösten, bis er zu duften beginnt, sofort herausnehmen. Koriander waschen, trocken tupfen und in feine Streifen schneiden.

4 Koriander und die Hälfte des Sesams unter den Salat rühren. Falls nötig, mit etwas Salz abschmecken. Salat auf Schälchen verteilen und restlichen Sesam und Frühlingszwiebeln darüberstreuen.

TIPP

Achtung: Algen enthalten sehr viel Jod. Bei Problemen mit der Schilddrüse darauf verzichten und generell nicht zu viel davon verzehren.

WELLNESS-SALATE

REGISTER

Damit Sie Rezepte mit bestimmten Zutaten noch schneller finden, sind in diesem Register auch beliebte Zutaten wie **Gurke** oder **Möhren** alphabetisch eingeordnet und hervorgehoben. Darunter finden Sie das Rezept Ihrer Wahl. Vegetarische Rezepte, die im Buch mit einem 🌿 gekennzeichnet sind, sind hier grün abgesetzt.

A

Ahi Poké mit Thunfisch 58
Algensalat, Japanischer 59
Ananas: Sellerie-Ananas-Salat mit Hähnchen 12
Äpfel: Fenchel-Apfel-Salat 11
Avocado
 Buchweizensalat 38
 Buddha Bowl 50
 Superfood-Salat 52
 Süßkartoffel-Avocado-Salat 54

B

Backhendl-Salat-Wrap 44
Birne: Linsensalat 39
Blumenkohl-Tabouleh 8
Bohnen, grüne: Grünkernsalat mit Bohnen 36
Bruschetta-Salat 23
Buchweizensalat mit Avocado 38
Buddha Bowl 50

C

Caesar Salad mit Saltimbocca 20
Caprese blankenese 22
Chili-Ciabatta 64
Chicorée: Wintersalat mit Zimt-Croûtons 16

D/E

Datteln
 Superfood-Salat 52
 Wintersalat mit Zimt-Croûtons 16
Detox-Salat 53
Erdbeer-Ziegenkäse-Carpaccio 56
Feldsalat, Herbstlicher 31
Fenchel-Apfel-Salat 11
Feta: Radieschensalat mit Feta 11
Focaccia 64
Frühlingssalat mit Spargel 30

G

Garnelen: Sommerrollen mit Garnelen 42
Glasnudelsalat mit Tempeh 40
Granatapfel
 Radieschensalat mit Feta 11
 Superfood-Salat 52
Grapefruit
 Detox-Salat 53
 Möhren-Grapefruit-Salat 10
Grünkernsalat mit Bohnen 36
Gurke
 Gurken-Schichtsalat 26
 Thai-Gurkensalat 27

H/J

Hähnchen
 Backhendl-Salat-Wrap 44
 Caesar Salad mit Saltimbocca 20
 Sellerie-Ananas-Salat 12
Herbstlicher Feldsalat 31
Hirse: Buddha Bowl 50
Hirtensalat mit Melone 28
Japanischer Algensalat 59

K

Kartoffelsalat mit Pulled Lachs 32
Kidneybohnen: Fleischsalat mit Bohnen 47
Krabben: Caprese blankenese 22
Krautsalat, Steirischer 14
Kürbis: Herbstlicher Feldsalat 31

L/M

Lachs: Kartoffelsalat mit Pulled Lachs 32
Linsensalat mit Salbei-Birne 39
Mango-Coleslaw 46
Melone: Hirtensalat mit Melone 28
Mie-Nudeln: Spitzkohlsalat mit Mie-Nudeln 15
Mixsalat
 Frühlingssalat mit Spargel 30
 Linsensalat mit Salbei-Birne 39
 Sellerie-Ananas-Salat mit Hähnchen 12

Sommerrollen mit Garnelen 42
Sommersalat mit Nektarinen 24
Süßkartoffel-Avocado-Salat 54

Möhren
Mango-Coleslaw 46
Möhren-Grapefruit-Salat 10
Wintersalat mit Zimt-Croûtons 16

Mozzarella
Caprese blankenese 22
Sommersalat mit Nektarinen 24

N/O

Nektarinen: Sommersalat mit Nektarinen 24

Orangen
Buchweizensalat mit Avocado 38
Buddha Bowl 50
Wintersalat mit Zimt-Croûtons 16

P/Q

Papaya: Superfood-Salat 52

Paprikaschoten
Blumenkohl-Tabouleh 8
Buchweizensalat mit Avocado 38
Buddha Bowl 50
Glasnudelsalat mit Tempeh 40
Gurken-Schichtsalat 26
Hirtensalat mit Melone 28
Rote-Bete-Spinat-Salat 10
Spitzkohlsalat mit Mie-Nudeln 15

Pilze: Herbstlicher Feldsalat 31
Quinoa: Detox-Salat 53

R

Radicchio
Detox-Salat 53
Hirtensalat mit Melone 28
Süßkartoffel-Avocado-Salat 54

Radieschen
Kartoffelsalat mit Pulled Lachs 32
Radieschensalat mit Feta 11
Süßkartoffel-Avocado-Salat 54

Reispapierblätter: Sommerrollen mit Garnelen 42
Rote-Bete-Spinat-Salat 10

Rucola
Bruschetta-Salat 23
Grünkernsalat mit Bohnen 36
Superfood-Salat 52

S

Schafskäse: Hirtensalat mit Melone 28
Seaweed Salad: Japanischer Algensalat 59
Sellerie-Ananas-Salat mit Hähnchen 12
Sellerie-Käse-Salat 47
Sommerrollen mit Garnelen 42
Sommersalat mit Nektarinen 24
Spargel: Frühlingssalat mit Spargel 30

Spinat
Buddha Bowl 50
Rote-Bete-Spinat-Salat 10
Spitzkohlsalat mit Mie-Nudeln 15

Steirischer Krautsalat 14
Superfood-Salat 52
Süßkartoffel-Avocado-Salat 54

T

Tabouleh
Blumenkohl-Tabouleh 8
Tabouleh, Klassisches aus Couscous (Variante) 8

Tempeh: Glasnudelsalat mit Tempeh 40
Thai-Gurkensalat 27

Thunfisch
Ahi Poké mit Thunfisch 58
Thunfischsalat 46

Tomaten
Backhendl-Salat-Wrap 44
Blumenkohl-Tabouleh 8
Bruschetta-Salat 23
Caprese blankenese 22
Grünkernsalat mit Bohnen 36
Gurken-Schichtsalat 26
Hirtensalat mit Melone 28
Sommersalat mit Nektarinen 24
Thunfischsalat 46

Tortillas: Backhendl-Salat-Wrap 44

W/Z

Weißkohl
Mango-Coleslaw 46
Steirischer Krautsalat 14
Wintersalat mit Zimt-Croûtons 16
Wraps à la Niçoise (Variante) 44

Ziegenkäse: Erdbeer-Ziegenkäse-Carpaccio 56

© 2017 GRÄFE UND UNZER
VERLAG GmbH, München
Alle Rechte vorbehalten. Nachdruck, auch auszugsweise, sowie die Verbreitung durch Film, Funk, Fernsehen und Internet, durch fotomechanische Wiedergabe, Tonträger und Datenverarbeitungssysteme jeglicher Art nur mit schriftlicher Genehmigung des Verlages.

Projektleitung: Sabine Sälzer
Lektorat: Adelheid Schmidt-Thomé
Korrektorat: Petra Bachmann
Innen- und Umschlaggestaltung: independent Medien-Design, Horst Moser, München
Herstellung: Mendy Willerich
Satz: Kösel, Krugzell
Reproduktion: medienprinzen GmbH, München
Druck und Bindung: Schreckhase, Spangenberg
Syndication:
www.seasons.agency
Printed in Germany

1. Auflage 2017
ISBN 978-3-8338-5887-1

www.facebook.com/gu.verlag

Der Autor
Martin Kintrup Die Liebe zu Gemüse und Kräutern bekam er bereits in die Wiege gelegt. Denn sein Vater ist begeisterter Hobbygärtner und versorgte die Familie mit frischem Grün. Als Autor und Redakteur arbeitet Martin Kintrup für mehrere Verlage und hat inzwischen an etwa 50 – zum Teil preisgekrönten – Kochbüchern mitgewirkt. In seinem Garten holt er sich Inspiration für die kreativen Gerichte, die zu seinem Markenzeichen geworden sind. In diesem Buch stellt er seine liebsten Salate vor.

Die Fotografin
Anke Schütz arbeitet in ihrem Studio in Buxtehude für namhafte Verlage und Zeitschriften in den Bereichen Food und Lifestyle. Bei diesem Buch wurde sie unterstützt von **Diane Dittmer** (Foodstyling und Mitarbeit bei Requisite), **Tania Schulz** und **Kirsten Petersen** (Assistenz).

Bildnachweis
Coverfoto: Wolfgang Schardt, Autorenfoto: Food & Nude Photography, alle anderen Fotos: Anke Schütz

Titelrezept
Bruschettasalat (S. 23)

Liebe Leserin, lieber Leser,
haben wir Ihre Erwartungen erfüllt? Sind Sie mit diesem Buch zufrieden? Haben Sie weitere Fragen zu diesem Thema? Wir freuen uns auf Ihre Rückmeldung, auf Lob, Kritik und Anregungen, damit wir für Sie immer besser werden können.

GRÄFE UND UNZER Verlag
Leserservice
Postfach 86 03 13
81630 München
E-Mail:
leserservice@graefe-und-unzer.de

Telefon: 00800 / 72 37 33 33*
Telefax: 00800 / 50 12 05 44*
Mo–Do: 9.00 – 17.00 Uhr
Fr: 9.00 – 16.00 Uhr
(* gebührenfrei in D, A, CH)

Ihr GRÄFE UND UNZER Verlag
Der erste Ratgeberverlag – seit 1722.

Umwelthinweis:
Dieses Buch ist auf PEFC-zertifiziertem Papier aus nachhaltiger Waldwirtschaft gedruckt.

Appetit auf mehr?

ISBN 978-3-8338-5889-5

ISBN 978-3-8338-5334-0

ISBN 978-3-8338-5013-4

ISBN 978-3-8338-5329-6

ISBN 978-3-8338-5888-8

 Alle hier vorgestellten Bücher sind auch als eBook erhältlich.

Mehr von GU auf **www.gu.de** und
facebook.com/gu.verlag

Willkommen im Leben.

KNUSPRIGE BROTE

Wer gerne viel knackiges Grün auf dem Teller hat, weiß garantiert auch knusprige Beilagen wie diese sehr zu schätzen.

CHILI-CIABATTA

Für 4 Personen: 1 Bio-Zitrone heiß waschen, die Schale abreiben und den Saft auspressen. 1 Knoblauchzehe schälen und zu 100 g weicher Butter pressen. Zitronenschale, 2 EL -saft und 2 TL Pul biber (türkische Paprikaflocken) unterrühren. Mit Salz, Pfeffer und Zitronensaft abschmecken. 1 kleines Ciabattabrot (ca. 25 cm) in Scheiben schneiden. Auf dem mit Backpapier belegten Rost im heißen Backofen (220°; Mitte) in 6 Min. knusprig aufbacken. Die Scheiben mit der Chili-Zitronen-Butter bestreichen und noch kurz im ausgeschalteten Backofen ziehen lassen.
Für Kräuterbutter statt Pul biber 1 Handvoll Kräuter (z. B. Basilikum, Kerbel, Dill, Petersilie) fein hacken und unter die Butter rühren.

FOCACCIA

Für 8 Personen: 300 ml lauwarmes Wasser mit 1 EL Zucker, 1 EL Weizenmehl (Type 405) und ½ zerbröckelten Würfel Hefe verrühren, zugedeckt 10 Min. gehen lassen. 500 g Mehl in einer großen Rührschüssel mit 80 ml Olivenöl, 2 TL Salz und der Hefemischung mit den Knethaken des Handrührgeräts 8 Min. kneten. Den Teig zugedeckt an einem warmen Ort 1 Std. gehen lassen. Ein Backblech mit Backpapier belegen und 2 EL Olivenöl darauftäufeln. Den Teig gleichmäßig darauf verteilen. Mit einem Kochlöffelstiel im Abstand von 3 cm einstechen. Mit 2 EL Olivenöl bepinseln, zugedeckt 1 Std. gehen lassen. Im heißen Backofen (220°; Mitte) in 25 Min. goldbraun backen. Herausnehmen, kurz ruhen lassen und servieren.